ELIE   RYCCYL

RAYONS POÉTIQUES

DE LUMIÈRE

VERS

CŒUR-PARADIS

DE FLEURS

ADMIRATION

Versés un jour en une âme et un cœur

Mes yeux ont percé un être sublime

Pour m'unir et m'abreuver de splendeur

Afin de sombrer en son univers en abime.

Mon attention a rarement déserté

Mais au fil des jours souvent j'ai contemplé

Tout son ciel et ses étoiles sans fin :

Et dans la pénombre surgit soudain

Un éclair de pure merveille

Qui sort tout mon cœur du sommeil.

Pour toujours mon âme s'éveille... :

Il y a ses yeux en perles d'ébène

Et sa bouche en bijou fruité ;

Il y a ses yeux en lunes crémeuses

Et sa peau en velours satiné;

Il y a ses yeux en lutins mignons

Et son nez en sculpture divine ;

II y a ses yeux en flammes fuyantes

Et ses cheveux en flots envoûtant ;

Il y a ses yeux en tendresse voilée

Et son âme en trésors chargés.

Oh la Beauté est plus forte

Que la vie, que les pensées,

Que toutes les œuvres humaines !

Elle nous asservit en douceur

Avec son charme sans pareil

Avec son magnétisme sans égal

Avec sa séduction hypnotisant

Je l'admire, je succombe et la vénère...

Au fil du temps faut-il encore croire en l'importance

De ces Autres influences animées de l'énergie

De vérité, tendresse, pureté et d'espérance ?

Le doute croît avec souffrance le reste de ma vie.

Mais peut-être viendra un jour

L'âme sœur assise sur son trône

Portant les bijoux de l'Amour

Et mille trésors de Joie me donne

Toujours vêtue des parures du Bonheur

Et des perles du Vie et Paix à toute heure.

Alors les anneaux de l'Union dans leur écrin

Vont s'offrir à nos cœurs pour un sacre sans fin.

AMOUR IDÉAL

↓

A la source d'or du cœur jaillissent de purs torrents

Illuminant toute l'âme de perles, d'oiseaux et de fleurs

Mais un jour ils communient en un fleuve attendrissant

Espérant offrir vie, joie et paix à l'âme Sœur

Réunis en symbiose par le Divin créateur.

Vivre pour l'autre à chaque heure et, semble-t-il, sans fin

Ressentir ses larmes brûlantes embraser tout mon être

Aspirer à faire éclore les fleurs de son jardin

Insouciant, avec l'autre, à tous les maux qui nous guettent

Même la mort ne peut rompre les fils célestes du lien

Enlaçant ceux qui scrutent ensemble leur étoile si belle

Ne pouvant supporter plus d'une seconde d'être loin

Toujours voulant suivre à deux la route vers l'éternel.

(Lire le message formé avec les premières lettres des vers)

ASPIRATIONS

J'envie cet astre de Feu

Qui réchauffe et illumine tes jours.

J'envie cet astre de mélancolie

Vers lequel chaque nuit se tourne ton regard.

J'aurais voulu être ce vent Tropical,

Qui t'enlace de son souffle de Tendresse

Et porte sans cesse aux Âmes fleuries

Les parfums de ta Vie, les senteurs de l'Amour.

Je désire être ce rayon de Soleil

Qui révèle à l'heure matinale

Les Doux Charmes de ton visage endormi

Et t'offre les caresses de reflets éthérés.

Que ne suis-je cet humble miroir

Fidèle confident de tes Beautés épanouies ?

Et que ne suis-je l'onde Pure et Limpide

Où s'épanche la Paix de ton visage d'ange ?

Je rêve que je suis une larme

Qui naît au creux de tes paupières

Et s'écoule sur les rondeurs de tes joues

Pour mourir doucement au coin de tes lèvres.

AU CRÉPUSCULE DE MON ÂME

Au crépuscule de mon âme

Approche une belle femme :

Douce soirée et lentement la lune

S'effeuille sur le marais de l'attente

Et couvre le sol d'une teinte brune...

Sous le regard immortel des étoiles tremblantes

Passent les noirs purs sangs

Guidés par l'étalon au pelage éclatant

Leur course s'accélère avec fracas

Et jamais plus au jour s'arrêtera.

AUBE

Le ciel s'enflamme là-bas derrière les monts
Tandis que, lentement, des anges éthérés fuient
L'étang d'or et d'argent où résonne la nuit
Pour toucher de leurs ailes des espaces sans fonds.

La nature revêt ses parures embaumées
Pour serrer dans ses bras, de nouveau, le jour
Et offrir le gite, ses merveilles et l'amour
A ce joyau divin qui, avec elle, fut créé.

Le cœur de son amant sèche encore ses pleurs
Qui perlent avec tendresse sur l'herbe veloutée
Deux victimes impuissantes de leur destinée
Émergent des ténèbres pour s'Unir en douceur.

CHER ANGE DES ILES

C'est ambitieux de vouloir reproduire votre beauté,
Cependant mon désir de perfection s'est manifesté
Pour le plaisir de votre cœur et vos yeux charmants
Et comme la lumière d'une flamme au feu ardent.

Je fus inspiré car j'ai eu l'honneur de vous approcher
Et vous avez consenti que mes deux yeux, souvent versés
Sur votre grâce, se laissent bercer par une rare admiration
Qui a bien du mal à se complaire dans une inaction.

Vous avez daigné que vos traits angéliques et cheveux en fleur
Acceptent mes mains, mon visage et mes lèvres en douceur.
Je vous prie d'excuser cette sensibilité sans retenue
Ces instants touchants n'altèrent point tout mon respect tendre et pointu.

J'ai pu à défaut me satisfaire, dans ces moments d'exilés

Ou bien loin de votre aurore je me suis retrouvé propulsé,

D'un petit présent, qu'à nos heures, vous m'avez donné:

Une photo qui, près des yeux et du cœur, est gardée.

CHÈRE PRINCESSE

Souvent j'ai voulu faire entendre

A tous les cieux rayonnant

Ô ma nuit ! Ô ma tendre !

Ma lumineuse aux linges charmants

Mon humide au lit de rubis

Mon ébène au secret de diamant

Chair satinée de lumière et de vie

Et corps étincelant comme le pur Aurore

En courbes mélodieuses et polies

Dans la douceur que mon être adore

Et dont l'essence embaumerait le sommeil.

Ecoute ta voix de cristal et d'ardeur

Semblable au chant suave des abeilles

Ô princesse qui garde en ton cœur

Et ton corps toutes choses parfumées

Comme un coffret des indes exotiques

Comme un paradis de fleurs d'été

Reposes-tu ta prestance en cette nuit typique ?

Confies-tu ta beauté à ce miroir charmé ?

Tes jambes fuselées frisées d'or blanc

Et tes pieds dignes d'un conte de fées

Appellent eux aussi un soleil plus ardent

Et sans cesse défient les constellations de la nuit.

CHÉRIE MALGRÉ LE TEMPS

Chérie malgré le temps

Malgré les affrontements

Tu resteras toujours

Mon tendre amour

Le soleil de mes jours

Blotti en ton séjour

Toujours te faire la cour

Fasciné par ton charme

Te supplier jusqu'à verser des larmes.

Chérie malgré les heurts

Malgré toutes mes erreurs

Tu resteras toujours

Mon seul amour

Le bonheur de mes jours

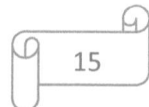

Les mains tendues vers toi

Te serrant contre moi

Implorant ta clémence

Pour m'accorder une nouvelle chance.

Chérie malgré tes pleurs

Malgré les plaies du cœur

Tu resteras toujours

Mon grand amour

Ma douceur adorée

Trésor de qualités

Séduit par ta beauté

Ecoutes-moi je t'en prie

Soyons fidèles à nos deux vies unies

Chérie malgré les doutes

Les embuches sur nos routes

Tu resteras toujours

Mon bel amour

Le parfum de mes jours

T'offrir encore mon cœur

Et que tu n'es plus peur

Dis-moi ta volonté

Pour que nos cœurs et nos vies soient mariées.

CONTEMPLATION

Pourquoi donc fus-je confronté
A une des beautés incarnées
Et traversé en tout mon être
Par un courant qui fut mon maître ?

Pourquoi donc en la contemplant
Je sentis brûler mon sang
Et pourquoi, en l'admirant cette fois,
J'entendis gémir mon Moi

Et une effusion de Bonheur
Me transperça le cœur,
Et une immensité de Joie
Fut la source de mon émoi...

Oh, je n'avais point supposé
Qu'elle puisse tant charmer !
Et il faut voir en son cœur
Pour approcher sa valeur.

Et mon esprit fut assailli
Par une cascade d'harmonie,
Et mon cœur fut ébranlé
Par le joyau des divinités.

CORRESPONDANCE FACE A L'OBSCUR

Les images défilaient avec folie,

Provocantes dans l'obscurité...

Et tout mon cœur s'ébranlait avec vie

Pour une fée si proche à mes côtés,

Et ta main, unie à ma main en émoi

Chuchotait mille tendresses;

Et mes doigts, ensemble complices de tes doigts,

Lançaient des douceurs sans cesse,

Et tes yeux, dans l'ombre, ne scintillaient

Que des voies lactées de charmes vrais.

CRÉPUSCULE TÉNÉBREUX

Au gouffre profond des étoiles

S'évanouit la fée du Trouble

Toute parée d'un sombre voile

Au charme obscur et double...

A travers le feu de l'ignorance

Blessée par la mort déchue

Elle ravale toute sa semence

Et se transperce la vue...

Dans une triste mélancolie

Plonge une vague de larme

Chargée de Sang et de la Vie

Pauvre d'espoir et de Charme...

Et elle s'effondre avec fracas

En brisant des cœurs de cendre

Qui renaissent en petits tas

A l'âme frêle, peu tendre...

CRI DU CŒUR

Voilà un soir vraiment noir
Où, plus que tout autre soir,
Mes pensées sont pour Toi
Intensément,
Alors que tout décroît
Mortellement.

Voilà une sombre nuit
Où, au loin, tout fuit...
Mon cœur en émoi
A Besoin de Toi
Toi seule, Douce Fée,
Peut le consoler.

Voilà une cruelle heure
Où mon âme pleure...
Mon être t'appelle,
Toute Belle,

Mais je ne te sens point,

Mais tu es si loin...

Voilà une triste seconde

Où je voudrais répondre

A chaque cellule du corps,

Riche d'un désir trop fort,

De se charger d'espoir

Car le jour se fera voir.

DE TOI VERS MOI

Se répand un océan d'étoiles

Brillant et ardent comme un doux voile

Fines vaguelettes

Aux mille facettes

De toi

Vers moi

C'est l'Abîme de tout ton cœur

Ou je me noie de Bonheur.

S'étend un nuage de mille roses

Tel l'arc-en-ciel que le soleil pose

Tendresse en pluie

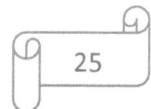

De pétales sans bruit

De toi

Vers moi

C'est la Cascade de tout ton cœur.

Ou je me baigne de Bonheur

S'élève l'arbre aux feuilles et fleurs d'or

Parfums d'innocence que j'adore

Fruits de l'émoi

Saveur de joie

De toi

Vers moi

C'est l'Offrande de tout ton cœur

Ou je me nourris de Bonheur

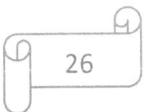

S'édifie le soleil aux flammes apaisantes

Brasier multicolore de chaleur purifiante

Faisceaux de Victoire

Rayons de l'Espoir

De Toi

Vers moi

C'est l'Effluve de tout ton cœur

Où je me réchauffe de Bonheur.

DÉDICACE D'AMOUR

Je dédie ma vie à l'amour

L'amour sans fin

L'amour divin.

Je dédie mes années à l'amour

L'amour de l'année où nos deux cœurs fusionneront.

Rayonne un clair de lune

En mon cœur

Peuplé d'étoiles et de lucioles

Qui signent en mille transports de douceur

Les élans que j'entends dans mon âme chaque jour.

Je dédie ma vie à l'amour

L'amour Lumière

L'amour Ether.

Je dédie mes mois à l'amour

L'amour du mois où nos deux regards se confondront.

S'étends une pure rosée

En mon cœur

Saintes roses et papillons

Qui signent en mille larmes de cristal

Les émois que j'entends dans mon âme chaque jour.

Je dédie ma vie à l'amour

L'amour chanson

L'amour Passion.

Je dédie mes semaines à l'amour

L'amour de la semaine où nos deux mains s'enlaceront

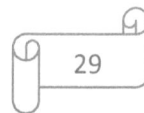

Souffle une douce brise

En mon cœur

Voile de brume et arc-en-ciel

Qui signent en mille penchants de tendresse

Les espoirs que je vois dans mon cœur chaque jour.

Je dédie ma vie à l'amour

L'amour douceur

L'amour chaleur.

Je dédie mes jours à l'amour

L'Amour du jour où nos deux larmes se rencontreront

Je vois dans tes yeux

Les lumières de la vie

Qui brillent pour nous deux

En éclats sans prix.

Je dédie ma vie à l'amour

L'amour Promesse

L'amour Tendresse

Je dédie mes minutes à l'amour

L'Amour de la minute où nos cheveux s'emmêleront

Je perçois en ton regard

Les doux reflets du miel

Qui m'envoient par milliard

Des vagues éternelles.

Je dédie ma vie à l'amour

L'amour union

L'amour profond.

Je dédie mes secondes à l'amour

L'Amour de la seconde où nos deux lèvres se frôleront.

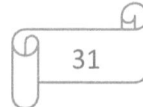

J'écoute dans ta voix

Les harmonies des anges

Messages à ma foi

Comme le chant des mésanges.

Je dédie ma vie à l'amour

L'amour trésor

L'amour jusqu'à la mort.

Je dédie mes périodes à l'amour

L'amour de la période où nos deux peaux se caresseront.

Je suis dans tes pas

La voie de la Liberté

Tel un précieux appât

Me greffant sur ta volonté.

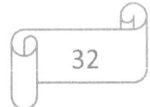

Je dédie ma vie à l'amour

L'amour sublime

L'amour intime.

Je dédie mes instants à l'amour

L'amour de l'instant où nos deux sangs se mélangeront

Je ressens en ton allure

Telles des branches de fleurs

Dont la danse naturelle et pure

M'ensorcelle de bonheur.

Je dédie ma vie à l'amour

L'amour sans fin

L'amour divin

Je dédie mes moments à l'amour

L'amour du moment où nos deux gamètes se rencontreront.

Je sens dans mon âme

Le parfum de la vie

Divine en une femme

Aux portes du Paradis.

Je dédie ma vie à l'amour

L'amour magie

L'amour pour la vie.

Je dédie les éternités à l'amour

L'amour de l'éternité où nos deux pensées s'harmoniseront.

DESTINÉE HUMAINE

Homme, sache que bientôt un jour nouveau viendra
Où un soleil ardent se lèvera
Pour ôter des ténèbres chaque cœur
Et offrir à tous un éternel bonheur

Homme, ne sens tu pas frôler sans cesse
Ton âme emprisonnée par la détresse
Un souffle de vérité et de vie
Qui excite ton désir d'amour infini ?

Homme, ne vois-tu pas chaque jour gémir
Des êtres en peine dont l'espoir délire
Par une carence de but et de foi
Car le péché a le monde pour proie

Homme, n'es-tu pas conscient face à l'univers
Et à l'infinité des temps
Que si nous sommes vivants
Et qu'Exister à un sens très profond sur terre

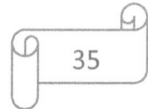

Homme ne cherches pas les biens périssables

Exerce bien ton âme à fuir l'impur

Et portes à ton cœur les vraies nourritures

Alors tu gagneras un Bien inaltérable

Homme, ne sens tu pas grandir force et espérance

A l'annonce d'un royaume

Promis à chaque homme

Pour bannir le Mal et offrir la Survivance

Homme, sache que ton état n'est que passager

Que les déchirures par milliers

Et la haine trop accentuée

N'est pas le destin qui nous est réservé.

DU FOND DU CŒUR

Je voudrais que tu rêves

Et qu'à ton rêve tu donnes mon nom.

Dans mon cœur, douce Eve,

Verse donc le goût du charme profond.

Je voudrais que tu revives ces instants rêvés

Que tu connus, un jour, belle déesse,

Lorsque, le cœur noyé de félicité,

Tu aspirais à une ivresse de tendresse.

Je voudrais plonger dans deux vrais diamants de feu

Et toucher des yeux des perles d'or,

Du cœur enfin effleurer un ange des cieux:

Comment ne pas subir ton tendre sort ?

Et comment ne pas m'émerveiller

Quand par ton esprit je suis charmé ?

Je voudrais que, t'éveillant,

A l'heure ou le jour

Consume les sentiers nocturnes

Et ou tombent des brides d'étoiles

Sur le liseré des ondes,

Ce soir en m'embrassant

Tu poursuives ton doux rêve:

Dans une union divine, deux anges,

Tournés vers la même étoile céleste,

Vivent chaque jour dans un pur paradis

Et s'emprisonnent dans un bonheur éternel.

ETANT DONNÉ

Etant donné la bouche :

Les tendres lèvres couronnées de fleurs brillantes

Nectars éclatants des pétales

Et chaque étamine d'or flèche joyeuse;

Etant donné les dents :

Petits diamants polis empreints de douceur

Posés sur une terre savoureuse

D'où émergent des sources de délices.

Etant donné le nez :

Un mont fils de la tendresse

Taillé dans un roc de rêve

Et lançant des vapeurs parfumées.

Etant donné les yeux :

Féeriques dans leurs cils et garnis de charme

Joyaux dans le visage comme deux flaques d'eau pure

Semblables à des lunes enivrées de douceur.

Etant donné les paupières :

Leur douce rencontre comme des pétales sur un étang

Bercées telle une rose brune qui s'endort

Pour ensuite s'éveiller et allumer un feu céleste.

Etant donné les cheveux :

Douce mer d'ébène et de velours éclatant

Parfumée par une fée nature

Pour noyer tout astre au cœur ébranlé.

Etant donné les mains :

Avec leurs ongles vermeils et leur peau délicate

Comme les membres frêles d'un moineau enchanteur

Trempé dans un élixir de beauté miraculeuse.

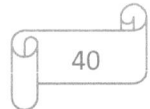

Etant donné la créature entière :

Dans ses merveilles et son harmonie éclatante

Dans ses charmes et ses attraits cachés

Elle aurait dû échapper à mes yeux et mon cœur

Car je fus trahi par mon âme et mon corps sensibles

Avec pour seul témoin un Astre lumineux au firmament.

Pourquoi donc n'existe-t-elle pas

En un lieu de pur Bonheur

Ou l'Obscurité est Lumière

Et La Liberté est Vie ?

Ou la Pureté est Foi

Et l'Amour est Loi ?

Le monde serait alors un Rêve dans un Rêve,

Bien plus Limpide, Juste et Beau.

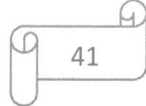

ÉTERNELLEMENT TOI

Il y a les cris

Il y a les heurts

Il y a les soucis.

Et puis des fois des pleurs,

Les troubles de la vie

Qui, tels une flamme,

Sollicitent trop l'esprit

Et emprisonnent mon âme.

Pourtant il y a Toi

Avec ton Âme en Fleur,

Avec tes doux Émois

Et les charmes de ton cœur.

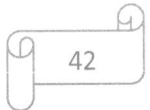

Oui ! Il y a encore Toi

A l'innocence d'enfant

La pureté qui ondoie

Et transporte hors du temps.

Et il y a toujours Toi

Fragile comme une Rose

Quand la colombe de ta voix

Sur moi tendrement se pose.

Vraiment ce n'est que Toi

Parée de ta Soif de Paix

Et des appels à la Joie

Insouciante comme un Angelet.

C'est Éternellement Toi

Ma seule pure Source de Vie

Car malgré l'âge et notre croix

Tu déploies en mon être le Paradis.

FEU D'ARTIFICE D'AMOUR

Dans l'univers de mes rêves

Tu es des étoiles la reine

Illuminant ma vie sans trêve

Versant son éclat dans mes veines.

Dans mon azur, douce femme,

Tu es mon arc-en-ciel

Qui relie ton âme à mon âme

Par ses couleurs éternelles.

Dans le jardin de mon cœur

Tu es la reine des fleurs

Rose rouge aux pétales frêles

Entourés d'un ballet couleur pastelle

Tu es la Paix personnifiée

Paix du cœur étalé

Qui en toi flirte avec le calme

Tu es la douceur faite femme

La douceur des yeux sans larmes

La douceur des confins de l'âme

Je veux sceller en toi la paix et l'émotion

A la tendresse, la foi et la passion

Si seulement tu voulais, sur le rocher de mes jours,

Graver ton visage resplendissant d'amour.

HONORÉE PAR LA NATURE

Larmes en tes yeux

Nectar d'un cœur amoureux

Souffle parfumé

Brise d'un paradis désiré

Envol de papillons

Tes cils emplis de séduction

Rayon pur de soleil

Lueur en tes yeux qui s'éveillent

Vagues aux mille reflets

Ondes de tes cheveux défaits

Pétales de fleurs sur l'eau

Velours de ta peau

Miel des abeilles en crème

De tes lèvres la saveur suprême

Ballets de blanches colombes en arches

Mouvement de ta robe quand tu marches

Harpe aux notes caressées par des doigts

Son suave et mélodieux de ta voix

La nuit révélant la voute des cieux

      Brillants éclats sur l'ébène de tes yeux.

Les vagues d'une plage tropicale berçant

Les caresses de ton corps sur ma peau vibrant.

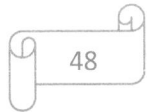

IL FAUT

↓

Préserver la Vie

Accueillir un étranger

Réchauffer les cœurs

Tendre la main

Apaiser un chagrin

Graver ses bonnes pensées

Etre à l'écoute

Remonter le moral

Vivifier des relations

Oublier ses détresses

Secourir les plus faibles

Sortir de la dépendance

Elever les consciences

Nourrir les bons sentiments

Trouver l'Amour

Instituer la justice sociale

Marquer notre affection

Effacer les querelles

Noyer les rancunes

Transformer les ténèbres en Lumière

Surmonter les obstacles

(Lire le message formé avec les premières lettres des vers)

JADIS

Jadis, en une contrée lointaine, j'ai confié des heures mémorables

Et aujourd'hui j'offre à chaque jour le soleil d'une île fleurie

Tandis que je côtoie souvent mon île aux trésors ineffables

Mais demain peut-être s'uniront en mon cœur Amour et Nostalgie

Jadis elle m'anima à l'heure où la chaleur décroît

Et aujourd'hui elle vit en moi quand la clarté expire

Tandis que sa présence me comble d'émotion et de joie.

Mais demain peut-être vivra-t-elle dans l'enfer de mes souvenirs.

Jadis la déchirure fût le salaire de notre liaison

Et aujourd'hui nous voulons savourer le fruit précieux de l'union

Tandis que nous gravons nos empreintes le long des plages et des monts

Mais demain peut-être que l'un de nous enterrera sa passion

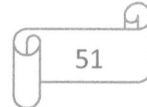

Jadis mon âme reconnut en elle une amie et une sœur

Et aujourd'hui mon cœur, en elle seule, reconnaît un grand amour

Tandis que chaque jour je renforce ma foi en son Bonheur.

Mais peut-être que les fleuves de nos vies suivront le même cours.

L'APPEL DES LARMES

Frêle rose de mes jardins secrets
Ou es-tu ?
Fruit délicieux de mon palet affamé
Ou es-tu ?
Source de Joie de mon âme attristée
Ou es-tu ?
Oiseau de gaieté de mon buisson décoloré
Ou es-tu ?

Joyau précieux de ma grotte appauvrie
Ou es-tu ?
Soleil de Vie de mon ciel assombri
Ou es-tu ?
Semis de lucioles en mon champ endormi
Ou es-tu ?
Valse de fleurs en mes rêves évanouis
Ou es-tu ?

Vent de Pureté en mon corps souillé
Ou es-tu
Corde de salut vers mon être enlisé
Ou es-tu ?
Parfum d'Esperance en mes élans prisonniers
Ou es-tu ?
Fraîche pluie fine sur ma terre assoiffée
Ou es-tu ?

Perle écarlate en mon cœur en coquillage
Ou es-tu ?
Ballet de mouettes sur mon navire en naufrage

Ou es-tu' ?
Porte d'Éternité devant mes pas éphémères
Ou es-tu ?
Baiser de miel sur mes lèvres trop amères
Ou es-tu ?

Nuages de douceur sur mes monts si rugueux
Ou es-tu ?
Arc-en-ciel de dentelles sur mes habits ténébreux
Ou es-tu ?
Prénom d'ange jaillissant de ma voix si aphone
Ou es-tu ?
Ribambelles de papillons sur mes prés monotones
Ou et tu ?

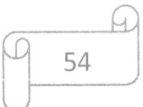

Vaguelettes caressantes sur mes plages désertes
Ou es-tu ?
Chants d'allégresse de ma gorge trop muette
Ou es-tu ?
Éternelles étoiles de mes nuits esseulées
Ou es-tu ?
Arche d'alliance de mon sang effondré
Ou es-tu ?

Sève de lumière en mes arbres stériles
Pour Toi fructifiant
Roses de tendresse sur mes pétales fébriles
Par Toi épanouies
Clair de lune sur mes larmes
Par Toi jaillies
Rayon de miel sur mes larmes
Par Toi asséchées
Ou es-tu ???

L'AUBE DU DEPART

C'est le crépuscule du retour

Sur les rives de l'océan ardent

Mon âme toucha ton Âme

Mon sang aspira à ton Sang

Mon cœur effleura ton Cœur

Et nous approchâmes nos Espoirs.

C'est le crépuscule du retour

Sur le banc du bonheur naissant

Ma main reconnut ta Main

Mes pas s'attachèrent à tes Pas

Mon genou embrassa ton Genou

Et nous retrouvâmes le Rythme Premier.

J'ai désiré t'offrir la vie

Et c'est déjà l'aube du départ

Et tu pars

Et je pars...

Mais ce n'est pas le temps des adieux

Car tu vis

Car je vis

Car nous vivons...

Unis dans l'espérance de retrouvailles futures

L'ETOILE

Et un jour un orage cruel arriva

Qui, lui, sur le coup, sans pitié, m'attrista.

Mon cœur affaibli passa au tribunal :

Tourmenté, harcelé, rongé par le mal,

Fatigué, sans force il ne put que se taire.

Mon âme, mon esprit, eux, ne savaient que faire.

Mais l'atroce souffrance de cette froide brûlure,

Dans un ultime effort, ôta un murmure ;

Une petite étincelle naissant dans les ténèbres

Vint percer le flot de cette marche funèbre ;

Telle une belle étoile jaillissant dans le noir,

Poussée par l'amour et apportant l'espoir,

Elle fut changée en un soleil rédempteur

Qui, de nouveau, fit espérer le Bonheur.

L'INTIMITÉ DE MES VOEUX

Je voudrais m'endormir blotti contre ton âme

Dans la chaleur des rayons du ciel en flamme

Nos liens fort s'approchent et se mêlent en tresse

Pour nous enlacer enveloppés de tendresse

Et puis nous évader vers des rêves qui caressent

Je voudrais qu'on s'évade vraiment à vive allure

Vers des horizons et des lendemains plus sûrs

Afin que nos projets unis deviennent plus murs

Et qu'on se baigne sur les plages de Paix et joie pure

Pour que le soleil offre à nos êtres sa douce dorure.

L'AMOUR SPIRITUEL

Toujours ton esprit fut, pour moi, un diamant

Hors des autres femmes aux rochers dépravant

Toujours ce fut la raison première de mon attachement

Car une femme dissolue ou charnelle mérite l'éloignement

Un être "plaisant" est le jumeau de l'être attrayant

Or attirance et désir n'ont rien de différent !!

Car tous deux naissent d'un esprit prisonnier de la chair

Déjà victime impure des affres de l'adultère !

Ainsi mon âme troublée me pousse à te fuir

Mais mon cœur enflammé me retient près de toi...

Un esprit éclairé est la vraie valeur de l'homme,

Sans douleur il détournera le cœur des freins à la Grâce.

Que n'ai-je depuis lu ton poème Dédicace ?!

Profond, tendre et Riche en vérité...j'ai pleuré.

Pleuré car j'ai cru alors...Et j'espère encore...

Pleuré car je t'aime et veux te préserver du mal.

L'as-tu écrit sans foi ? " De toi à moi,

Mon bien-aimé, flotte le lien que n'ont pas tous les autres.

Combien d'épouses, en leurs corbeilles ont trouvé

Le joyau sans prix, l'amour de Dieu ? "

"Je demandais le feu d'un jour et tu m'as

Attirée vers la flamme Éternelle,...

"...Et ton amour et tes prières

M'ont amené enfin au pied du Roi..."

LA CRÉATION DIVINE

De par la création du Tout-Puissant
En la nature édifiée,
De part toutes les œuvres du vivant
En ce monde engendrées,
Nulle de celle-là n'approche la grandeur
Qui, de mes sens, fait la joie et la peine
Nulle de celle-là ne détient le cœur
Qui, à mon âme, son âme en fleur amène.

Elle a l'art de séduire et ses yeux infinis
Semblent renfermer les secrets d'une femme lumineuse.
Elle a l'art de sourire et ses lèvres fleuries
Sous leurs pétales renferment une nature savoureuse.
Jamais, comme son regard, deux astres en mon cœur
Lancent des messages d'ardeur et de tendresse.
Jamais, comme ses lèvres, ne s'épanouit une fleur
Pour offrir son pollen et ses formes de déesse.

Ses toilettes fines et délicates de charme m'enchaînent
Comme les flots mouvants sur la terre parfumée ;
Tandis que sa chevelure de l'univers restitue la majesté
Comme une cascade irréelle de diamants et d'ébène.
S'unissant aux vallées et aux monts polis
La mer ondoie comme ses robes sur sa douce peau.
Se mêlent la nuit avec grâce et harmonie
Les constellations comme ses cheveux en anneaux.

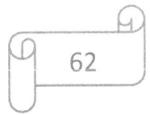

LA CADENCE ANTILLAISE

Observant un soir la danse des ombres

Et plongé encore dans la fausse pénombre

Je savoure à loisir les sourdes voluptés

Que les baffes envoient à mes sens enchantés.

Les émanations des enceintes de prestige

M'enveloppent le corps d'un réseau de vertiges.

C'est la savoureuse cadence,

Sonorités enivrantes que l'on danse

En joyeuse victime d'une belle évasion,

Et qu'on vit avec le corps et le cœur

Où peuvent naître alors tendres sensations

Et passions, ô cadence ma douce sœur.

LA DÉCHIRURE DU DÉPART

Oh ma chérie ne comprends-tu pas
Que sans toi je perds tout mon sang ?

Oh ma chérie ne ressens-tu pas
Que sans toi je perds toute mon âme ?

Demande-moi l'impossible
Pour que tu restes encore un peu !

Demande-moi l'inaccessible
Pour que je te mérite un peu !
Mais qu'ai-je fait au monde
Pour mériter ce sort ?

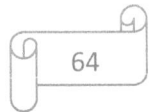

Mon amour s'en va

Oui croyez-moi

Il n'y a pas plus grande douleur !

Mon avenir s'en va

Oui croyez-moi

Il n'y pas plus grand malheur !

Elle, oui Elle s'en va

Oui croyez-moi

Je l'aimerai au-delà de Tout !

Ô Souffle de ma vie,

Protège tes Trésors si précieux en toi.

LA DIVINITÉ

Verser toute mon Âme

Sur une Beauté épanouie

Est l'occasion rêvée

Pour laisser rayonner,

Telle une vive flamme,

Mon ardeur et ma vie.

En guise de choix

Entre Elle et vivre

C'est Elle que je choisis

Car Elle est la Vie;

Et pour survivre

Il faut que je la vois

Elle est de cristal

Par son Éclat oriental

Et par sa pureté

Encore trop voilée.

Elle est toute en or,

Car les perles précieuses,

Pour qu'elles soient fameuses

Et dignes d'Admiration,

Méritent sans façon

Les plus somptueux sorts.

Elle est Divinité

Par ses parures de Déesse

Et son emprise sur l'Âme

D'où le Bonheur émane.

Elle Bannit la détresse

Et m'offre l'Éternité.

Elle est Constellation

Par son immensité

Empreint de Charmes lumineux

Qui sèment la Passion

Comme des Anges heureux

En un royaume éthéré.

LA LUNE

Un œil céleste né avec le monde

Tandis que fidèle la nuit revient

"L'honneur de notre Père nous unit

Mais notre destin nous déchire..."

Un œil céleste fixe le monde

Tandis que profonde la nuit s'épaissit:

Un enfant, image de l'insouciance

Se blesse et s'ébat dans l'ignorance.

Un œil céleste interroge le monde

Tandis que sans fin la nuit se répand:

"Petit frère pourquoi n'envies-tu pas

Ma pure clarté et mon éternité ?"

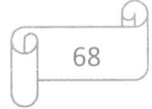

Un œil céleste veille sur le monde

Tandis que, complice, la nuit s'établit

En ce témoin de l'aube des temps

Ont survécu richesse et vérité.

LA MESANGE

Hier vint une mésange

Voleter près de ma fenêtre.

C'était un petit ange

Exilé dans les hêtres

Où j'eus cette vision étrange.

Ses yeux, lui dis-je, sont tes jolis yeux,

Son plumage est ta chevelure,

Son chant porte les mots mystérieux

Qu'à mon cœur, sans un mot, tu murmures

Quand il n'y a, au monde, que nous deux ...

Les fleurs s'animent et forment des mots pour toi

Comme une chanson d'amour et d'allégresse.

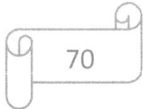

Et ces messages qui s'envolent vers toi

M'emportent vers ton royaume, Ô Princesse,

Où les roses se changent en Séraphins

Qui tous me feront signe de leurs mains

De voler pour te dire tout haut : "JE T' AIME"

LA SIRÈNE

Un soir un doux songe je fis:

De bon matin, la tempête finie,

L'onde est étalée, l'atmosphère sereine

Sur le brun rivage il ne reste plus

Qu'un peu d'écume... et une petite sirène.

Petite sirène resplendissante échappée

Du cœur d'un paradis tropical épuré.

Elle ne chante pas, elle sourit et convie

De son regard d'ange, de ses sourcils surpris...

Elle miroite comme un poisson perdu

Mais à la posture d'une femme mise à nue.

Est-ce une créature qui souffre en silence

Ou cherche-t-elle sur la plage une présence ?

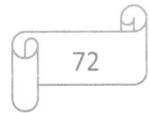

Femme à la sculpture parfaite de chair

Bouche en fleur, cheveux bercés par l'air

Peut-être son sang brûle-t-il d'un fort désir ?

Ses seins d'élans de cœur semblent s'emplir

C'est la sirène des contes féeriques

Inondant de félicité magique...

Je voudrais toucher ses ongles rosés

De ses deux mains de douceur couronnée.

Je tends les doigts vers elle... elle me sourit,

Un peu effrayée, un peu affaiblie...

Soudain elle glisse dans les ondes turquoise

Puis elle disparaît... échappe à ma vue...

Je m'éveille alors en sursaut, déçu !

LES ADVERSAIRES DE L'AMOUR

Peu à peu le ciel s'assombrit :
Les noirs guerriers défilent sans bruit
Et saccagent les fruits et les fleurs
Du paradis germant en nos cœurs.

Depuis l'aube de tous les temps
Sur les marches et les bancs
Ont séché les larmes de sang
Refuges des amours innocents.

Les déserts de tous les pays
Mêlent les restes des Âmes meurtries
A la poussière pauvre et aride,
Sombre pluie de poison fétide.

Il est toujours simple d'aimer
Mais aussi facile d'ébranler
Les liens d'Or et d'Argent
Qui unissent les Amants.

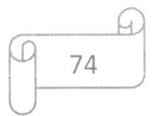

LOIN DE TOI

Belle Enfant aux noires prunelles

Qu'à mon esprit ton esprit vienne...

Seins d'orange et silhouette fine

Qu'à ton Cœur mon Cœur vienne...

Loin de Toi, d'une soif ardente

Je suis la proie, et mon attente

Génère en moi une frêle plante...

Qu'à ton Cœur mon Cœur vienne...

Jeune Fée ou Ange, qu'importe !

Il n'est de flamme qu'une sorte...

Fou celui qui confond l'âtre et la porte !

Qu'à ton Cœur mon Cœur vienne...

Vivre ne puis, mourir de même...

Marcher ne puis, m'asseoir de même...

Manger ne puis, boire de même...

Qu'à ton Cœur mon Cœur vienne....

Dans le lointain cette complainte

A vu le jour... Elle est une plainte

De qui rêva à une longue étreinte...

Qu'à ton Cœur mon Cœur vienne....

MA CHÈRE SOEUR

↓

Mes vœux les plus ardents de mon cœur vers toi convergent

Or l'un des plus chers ne semble s'épanouir que dans mon essence

Ne point savourer au plus tôt les bienfaits de ta présence

Inspirant aux âmes proches des élans de joie et d'amour

Que nos parents et les cieux soient loués pour avoir toujours

Uni nos vies dans l'éclat de nos sangs pareils

Et trempé nos heures dans une harmonie aux couleurs de merveille

(Lire le message formé avec les premières lettres des vers)

MERE CHERIE

Maman, ma chère Maman,

Vers ton cœur, tout doucement,

S'envole la colombe de mon amour

Qui rayonne en ce beau jour.

Maman, Ô Maman chérie,

En ces heures pour toi bénies

Mon âme lance vers les cieux

Des louanges et mille bons vœux

Ô Maman, source de bontés

Mes souvenirs sont encore avivés

Des présents de joie et félicité

Que tu m'as offert avec générosité.

Ô Maman, mon étoile faite femme

Accepte mes tendres hommages

Car tu as nourri mon âme

D'éclats riches et sages.

Dis Maman, toi qui fais des merveilles

Pourquoi dans l'exil et le silence de la nuit

Je ressens le parfum de nos âmes pareilles

Dont ton sang en mon être est à jamais enduit.

Ecoute Maman, éternelle en mon cœur,

N'envie point la terre enrichie d'où naît et croît

L'arbre fruitier, sous tes jours, j'en ai la valeur

Car vraiment, chère maman, tu es mère mille fois.

MON AIMÉE

Tu m'es apparue

Inondée d'une clarté

Divine et sans égale

Reine de charme et de bonté

Pouvais-je ignorer ton cœur

Ton appel silencieux, ta douleur ?

Comment fermer mon cœur ?

Comment givrer mon sang ?

Ou porter mon regard profond ?

Ou verser mon âme sensible ?

 C'est un trésor, une perle

Qui mérite mille bienfaits

C'est un amour, une présence

Qui mérite mille ardeurs

C'est une âme, une douleur

Qui engendre des souffrances

C'est une foi, une vie

Qui engendre l'espérance

J'ai vécu avec ton aura

Des minutes dynamiques

Et je veux que tu vives

Au-delà de tous heurts

Une éternité de Bonheur

Pour enterrer, pour naître

Avec ton être j'ai compris

Que ton âme gémit

Et qu'il faut que tu échappes

A tout pouvoir du mal

Qui engendre tortures

Et couronne la mort

Pare-toi des plus belles parures

Celles qui séduisent à coup sûr

Et rayonnent la joie et la vie...

Tel un trésor qui n'a pas de prix

Soit forte et active

Face aux épreuves, au mal

Reste sur ton trône

Face aux menaces avides

Ouvre-toi sur le vaste monde

Pour que ses grands trésors du sonde

Qu'il t'inonde des cascades de richesse

Pour que tu sois lavée de tes faiblesses

Et t'épanouir avec prudence sans cesse !

Pense aux vraies valeurs

Qui apportent le bonheur

Et offre le savoir majeur

Songe au proche avenir

Qui va t'accueillir

Et sans doute te ravir

Façonne toi un but dans la vie

Pour assurer ta survie

Cherche un vrai soutien moral

Pour te jouer du mal

Oublie tes rancunes sans prix

Et digère tous tes soucis

Fuis les dangers impurs

Et échappe aux souillures

Que tu sois de l'essence du beau nourrie

Séduis le Bien et tu naîtras à la vie

Cherche en toi les voies

Qui font des lumières s'allumer

Et des victoires te font remporter

En Toi, ensuite hors de Toi.

Enfin si je t'ai fait du tort

Pardonne-moi, ce fut pour ton bien

Rejettes moi à ton gré..., je mourrai

Mais gardes mes idées, mon soutien

Et ma foi en toi, en ton bonheur.

MON ÂME EST EN EXTASE

Mon Âme est en extase

Face aux battements Gracieux

Des ailes aux couleurs pourpres

D'un papillon Charmant

Posé sur une Rose au teint basané

Un pur rayon de soleil

Les effleure et se reflète

Pour éclairer le monde

Des éclats de la vie

Comme tes lèvres

Posées sur ton visage.

MON CŒUR

Pourquoi notre amour ne peut-il s'épanouir
Et pourquoi laisser ainsi mon ardeur dépérir ?
Alors que pour nous deux germent mille projets de Bonheur
Alors que dans le Jardin du monde Tu es la Reine des Fleurs.

Tous les battements de mon cœur ont Toi pour origine,
Et mon être est frôlé par les diamants de ta Pluie fine
J'aurai voulu que nos élans, que nos sangs, soient confondues
Et que nous soyons l'Étoile Éternelle et attendue.

Chaque rêve et chaque seconde est peuplée par ton
Image
Et une journée sans toi sur mes cellules fait un ravage.
Comment accepter de vivre dans une fausse union
Alors que le Bien-être de l'autre est notre Aspiration ?

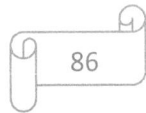

Mon âme brûle du désir profond d'être à tes côtés,

Et de sentir sans cesse resplendir ta Félicité.

Mais je cache à tout l'univers l'ampleur de mon amour

Alors que tu peux changer l'Ombre en Lumière pour Toujours.

MON DIEU

Mon Dieu malgré le temps

Malgré les évènements

Tu resteras toujours

Mon seul rocher

Mon refuge adoré

Blotti en ton séjour

Empli de ton Amour

Fasciné par ton Ame

Toujours prier jusqu'à verser des larmes

Mon Dieu malgré les pleurs

Malgré toutes les douleurs

Tu resteras toujours

Mon seul abri

Le vrai sens de ma vie

A genou devant Toi

Bras tendu vers ta croix

Je veux rester fidèle

Pour être guidée vers la Vie Éternelle.

Mon Dieu malgré les Heurs

Malgré toutes les malheurs

Tu resteras toujours

Mon seul refuge

De ma vie le seul juge

Étendu devant Toi

Illuminé de Foi

Indique-moi le Voie

Pour sans arrêts me rapprocher de Toi

Mon Dieu malgré le doute

Les embuches sur ma route

Tu resteras toujours

Ma seule Lumière

Le sens de mes prières

Nourri par ta Parole

Tu es ma seule boussole

Guidé par l'espérance

Qu'un jour la Paix sera en abondance

NOS INSTANTS

Souvent en ton regard mon regard aime se fondre

Sous ces feu-follets de tendresse sans lacunes

Tout comme ces instants si précieux en ce monde

Ou le silence sous l'éclat de la lune

Mais dès qu'avec ma main ta main valse en douceur

Une vague de plénitude m'inonde et me ramena

Au pied des marches fleuries d'un céleste bonheur

Que seul peuvent gravir ceux qui savent dire : "Je t'aime".

Et quand sur mes lèvres tes lèvres en fleur se forment

Il semble que le temps tout à coup devient fou

Et stoppe sa course vaine et difforme

Pour revivre une union éternelle avec vous.

Ainsi sur ton être mon être s'abandonne

A l'offrande d'une gazelle étendue sur des roses

Dont le sang rutilant d'amour m'empoisonne

Et la colombe de ton âme sur mon âme se pose.

NOTRE MÈRE

↓

Aimant, Protecteur, son nid douillet nous a façonné, accueilli

Merveille Pure du Don de Soi Déployé, et Passerelle vers la Vie

Offrandes sans freins, et très durable, de son Temps, son Cœur, son Esprit

Univers d'écoute et Cascades de Réconfort en bonne Harmonie

Rien ne remplace, de Notre Fleur Mère, Le Parfum Unique et Bénie.

(lire le message formé avec les premières lettres des vers)

NYMPHES EN RÊVE

Je rêve de te retrouver

Blotti sur les ailes d'un papillon

Et visiter toutes les fleurs du monde

Chaque jour

En un feu d'artifice de couleur et douceur

Je rêve de nager avec Toi

Côtoyant des cygnes majestueux

Sur un lac bleu turquoise

Chaque heure

Bercé par les chants des mouettes et dauphins

Je rêve de voler avec Toi

Dans la tendresse d'une brise de printemps

Tourbillonnant comme des fées

Chaque minute

En un ballet de moineaux et colombes

Je rêve de marcher avec Toi

Au milieu d'un jardin de fleurs de cristal

Brillant de mille teintes

Chaque seconde

Entraînés dans la ronde des lapins et écureuils

Je rêve de parcourir avec Toi

La voie lactée, les constellations

Et sauter d'étoiles et étoiles

Chaque instant

Valsant dans la paix et la splendeur de l'espace

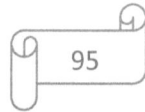

Ô MUSIQUE

Mon cœur se gonfle pour Toi, ô musique

Comme la vague qui déferle sur le sable

Chaque fois je te reviens et chaque fois

Mes yeux sont tout neufs.

Tout ce que j'entends m'est tel que la première fois,

Les aspects les plus humbles, les plus subtils,

Tout m'attendrit, me séduit et me réjouit.

En toi je me lave comme une eau

Où l'on perd tout souvenir de soi-même;

Je laisse ma misère et mes soucis derrière moi

Comme le lézard sa vieille peau,

Musique, tu es pour moi gorgée de grâce.

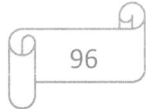

Tant que, tout près de Toi, je me sentirais

Tel un enfant, tant que ma peine

Se diluera en Toi comme un nuage

Dans le soleil ardent des Antilles

Je ne maudirai pas d'être né.

Ainsi en une chaude soirée,

Les deux oreilles en alerte

Et mon esprit déjà soumis,

J'écoutais amoureusement tout, en profondeur...

Et pendant qu'ainsi je transcendais,

Mon visage se couvrit de tièdes et douces larmes

Et mon âme explosa pour Toi, ô Musique.

OFFRANDES

Regardes, Aujourd'hui c'est la Saint Valentin

Fête de notre pur Amour

De notre premier "Pour Toujours"

Et du précieux trésor que notre âme détient

Comme chaque année je t'offre ma passion

Car de tous les présents

C'est un cœur brûlant

Qui pour l'aimée conçoit les plus beaux dons

J'aime à nourrir les chaînes de ton charme

Tes lèvres détrônent même la rose

Tes yeux embrasent et apposent

Des éclairs de tendresse, divines larmes...

Ton être semble s'écouler dans mes veines

Qui, de charmes lumineux sont denses

Et se graver en ma substance

Car toutes les vitamines de ma vie sont tiennes

Alors l'un dans l'autre nous avons fusionné

En une suprême harmonie

Ou à deux on s'épanouit

Pour former un seul joyau non égalé.

PARADIS ENVOLE

Et Elle m'est apparue,

Au détour d'une rue,

Dans un rêve plongée,

Semblable à une Fée.

Elle était trop jolie

Avec sa jupe fleurie

Et le charme d'un corsage

Aux dentelles peu sages.

Un Ange de pureté

A la peau diamantée

Enrichie de bijoux

Qui pourraient rendre fou.

Mais je la connais !!

Oh, l'accro est fait !...

La vision s'évanouit

Et mon plaisir fuit.

Ô paradis envolés

Et merveilles effacées

Ne pouvez-vous sous peu

Renaître à mes yeux ?

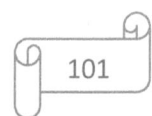

PASSION ILLIMITÉE

Si un jour tu m'interroges

Sur les limites de mon Amour pour toi

Elles sont aux confins de l'univers créé

Comme un diamant serti d'infinité

Placé en mon cœur avec émoi

Et digne de mille éloges

Si un jour tu me demandes

Les bornes de ma passion pour toi

Elles sont dans les trésors variés et purs

Déployés par le Divin dans toute la Nature

Que je rêve de t'offrir avec joie

Pour que ton bonheur transcende.

PETIT MOT DOUX

Juste un mot

Pour de dire que je pense à toi

Aucun n'est faux

Car toujours en toi j'ai foi

J'ai avec joie

Tes deux lettres en mon cœur

Qui, me touchant du doigt,

M'ont caressé de chaleur.

Bientôt plus étalée,

Je verserai pour toi mon âme...

Attends là sans flancher

Ainsi que l'avenir, tendre femme.

Je constate au fil des jours

Que bien plus vers toi vont mes pensées

Alors ton soutien accourt

Et pour toi, peut-être, bien plus est né...

POUR SON AMOUR

Pour l'amour de ma Belle

Mon esprit je le nourrirai

J'en retiendrai toutes les pensées

Ses inventions, rêveuses idées...

Mon âme en pièce, je mettrai

Pour Son Amour.

Pour l'amour de ma Rose

Sur un tronc je me ferai

Arbre, et me vêtirai de vert feuillage

Souffrirai l'éclair et tout orage

Et puis des fruits je porterai

Pour Son Amour.

Pour l'amour de ma Perle

Roc sous le mont je me ferai

Me consumerai d'ardeur souterraine

Et déchiré de pénibles peines

En silence je souffrirai

Pour Son Amour.

Pour l'amour de mon Ange

J'irai prier aux pieds de Dieu

De me redonner mon cœur mis en pièce

Puis en les ornant de vertu, de noblesse,

Je viendrai le lui offrir, joyeux,

Pour Son Amour.

POUR UNE MICHE DE PAIN

Un petit moineau s'approche...

Puis trois, six, et bientôt vingt,

Qui tiendraient tous dans ma poche;

Ils guettent une miche de pain...

L'un s'élance, les autres de même.

Et bientôt, en voltiges et en sauts

Ils picorent, vont et viennent;

Puis font subir de doux assauts

A mon offre qui s'émiette.

Devant l'agonie de leur proie

Tout espoir tombe à terre :

Le plus fort aux abois

Repousse tous ses frères

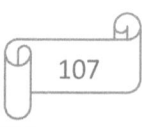

Avec l'ardeur de ses ailes

Et leur déclare la guerre...

Une harmonie si belle

Est rompue et achevée

Par l'égoïsme et la haine ;

N'est-ce pas là un reflet de l'humanité

Au sein de la nature prétendue saine ?

POUR VOTRE UNION

Recevez ces quelques vers
Témoignant mes meilleurs vœux
Mais qui sont en fait fort peu
Vu ce que mon cœur veut taire.

Qu'il y ait effusion de joie
Pour que rayonnent les cœurs
Que chacun rit et festoie
En mille instants de bonheur.

Mais surtout que prédomine la foi
Et un feu d'harmonie fera le jour.
Que s'ancre la vérité et l'amour
Bien plus que la fête et l'émoi.

Que votre amour soit prodigieux

Pour ne faire qu'Un de vous deux

Et vous rapprocher des divinités

Dans une union forte pour l'éternité.

Ayez le même astre à scruter

Et la même soif à assouvir;

Ayez une même voie où évoluer

Et que chaque âme de l'autre puisse s'enrichir

Soyez donc le reflet de l'union idéale

Pour votre descendance et vos amis.

Soyez tous deux un diamant oriental

Beau, précieux et solide à l'infini.

PRECIEUSE

↓

Vive, une douce fée accourt
Et brûle mes sens, ravive mon cœur,
Use de ma flamme pour, avec ardeur,
Xénophobe me rendre toujours.

Touchant ensuite les confins de l'âme
Usant d'une rare beauté de femme.

Épris d'une cascade de charme en fleur,
Toute en or et couleur du jour,
Rayonnant en mille parfums de bonheur,
Émerveillé, je meurs d'amour.

Mon cœur ne bat plus que pour Toi,

O mon ange, ce brasier trop ardent

Nourrit un incendie en moi.

À l'aube d'un bonheur naissant

Ma sirène me fut arrachée...

O destin cruel et injuste

Usurpant ma vie, Elle, ma fée

Rongeant l'esprit, brûlant mon sang.

Et l'harmonie ne fut que moitié

Tant nous fûmes séparés...

Épris de nos passions réunies

Rêveurs fous et regards attendris...

Ne pouvons-nous goûter la suprême union

Et de notre amour graver un pur cachet

Lumineux et divin dans l'éternité.

(Lire le message constitué avec les 1ere lettres des vers)

REFLET DE PARADIS

C'est bientôt de nouveau le carême (*)

L'hivernage regagne son tombeau et meurt (**)

Tandis que çà et là germent en douceur

Des bourgeons qui frémissent au vent.

Avec le souffle doux et odorant

Les mignons messagers aux couleurs de vie

Offrent à l'être un avant-goût de paradis

À travers l'éclat d'un ballet charmant.

Sur des abîmes de verdure parsemés

Des milliers de flammes aux parfums envoutant

Dansent avec volupté en nous reflétant

Les rayons ardents de l'astre ravivé.

Dans les cœurs germent une graine de félicité

Nourrie par l'ambiance de la nature en éveil

Et avide de la substance de l'âme qui sommeille :

C'est la semence du printemps de l'humanité.

(*) Carême : Saison sèche aux caraïbes

(**) Hivernage : Saison humide aux caraïbes

SEVRAGE D'AMOUR

Aujourd'hui et peut-être demain, chaque seconde et chaque heure

Je remercierai DIEU, Le Père, du tréfonds de mon cœur

De m'avoir permis de te découvrir, Toi, L'Âme Sœur

Avec laquelle j'ai goûté des instants de joie mielleux

À défaut de savourer à deux une sérénité de jours heureux.

Cette source aux reflets d'or qui veut jaillir pour nous sans trêve

Avivée, chaque fois, par l'ardeur des mille feux de ta présence,

Il faut qu'elle devienne toute glace par l'hiver de ton absence

Pour essayer d'oublier la Douceur de tes yeux, de ta sève...

Pour tenter d'effacer ton éternelle empreinte de mes rêves

Où tu es vêtue de roses, de rossignols auréolée,

De mille cascades d'or coiffée et d'étoiles couronnée.

SONGES

Me fut présenté la Beauté éternelle :

Une perle, au parfum suave et azuré

Enrobée d'une aura d'étincelle

Doux reflet d'une Âme épurée.

Par ses paupières tendres et brûlantes

Bercé, son front, de l'ébène, surgit

Et se posa, en douceur, sur ma face ardente,

Qui exulta, et trembla alors, en harmonie.

Mes songes, au fond d'un puits étroit,

Palpent aujourd'hui son esprit candide,

Et son visage où je me noie ;

Pour rafraîchir une peine avide.

SOUFFRANCE HIVERNALE

L'astre de vie là-bas se morfond

Sous la brume où son ardeur se fond

Et la nature privée de sa chaleur

Voit le vent glacé durcir son malheur,

Et la masse des hommes vit impassible

Alors qu'une flèche à deux cœurs pour cible.

Et un vieil homme traîne lentement

Sa hache, tel un bourreau insouciant.

Puis, dans le lointain, résonnent les coups

Qui entament de l'arbre la chair du cou...

Et, en une plainte lugubre, il rend l'âme,

Couvert d'un linceul complice du drame.

Une femme en pleurs s'est endormie.

Dans un sommeil de mort épris,

Vêtue d'une robe toute blanche

Aux fines dentelles qui s'épanchent

Impassibles aux abords de l'étang

Qui, sous la glace, emprisonne le Temps.

Comme ton visage triste qui dort

Victime de la peine et du sort,

Comme mon cœur souffre en silence

Givré dans la douleur de l'absence

Attendant qu'un beau jour le Soleil

Porte Vie et Amour en Éveil.

TA DOULEUR

Ma raison agonise car aujourd'hui tu fuis

Vers les abîmes piégés d'une douleur enfouie

Crevasses d'ignorance et ressorts de silences

Me projettent au-delà d'un univers trop dense.

La création m'empoisonne car aujourd'hui tu souffres

Pourquoi ce feu des plaies d'antan jamais ne s'étouffe ?

Toi, pauvre victime d'un monde de déchéance amère

Âme pure harcelée par ces êtres de chair.

Ma vie s'est suicidée car aujourd'hui tu pleures

Dans un silence cruel me massacrant le cœur

Larmes d'acide, larmes mûries, larmes sacrées

Ne puis-je à jamais unir les miennes enterrées.

Mon âme ressuscite car de nouveau tu souris

Les rayons de ton regard sèchent tes joues rougies

Et se retranchent alors ces instants mystérieux

Pour une évasion nouvelle au sein des jours heureux.

TENDRESSE PASSIONNÉE

Enfin la fine clarté de la lune de miel

Inonde deux corps tendrement enlacés

Reflet de deux cœurs divinement enflammés

Qui s'unissent pour une vie éternelle et fidèle

Vers tes yeux doux aux célestes éclats

Vers tes yeux, ta bouche fleurie au succulent nectar

Vers tes yeux, ta bouche, tes cheveux en odorantes ondes

Vers tes yeux, ta bouche, tes cheveux, ton être gracieux

"Oh! Pourquoi cette tendresse passionnée ?"

Demandes-tu incessamment

Tantôt dans l'intensité de tes soupirs,

Et tantôt en ton cœur en extase... silencieuse...

"Au lieu de gestes brusques, de furie,

Comme c'est l'usage et comme font les autres,

Pourquoi cette douceur, cette ardeur tendre et experte ?"

Offre à mon ouïe ta voix câline.

Dois-je te le dire, sans charme ?...

En mes yeux, tes yeux lancent vers mon âme

Comme réponse un nuage de flammes féeriques.

J'écarte un peu ces boucles mignonnes,

Et vers ton oreille aux appâts de la rose

J'approche mes lèvres pour te confier mon secret.

En ton oreille aux attraits envoûtants

En ton oreille, tes doigts précieux au doux toucher

En ton oreille, tes doigts, ta peau en satin velouté

En ton oreille, tes doigts, ta peau, ton être somptueux.

"Cette tendresse passionnée, ne pressens-tu pas ? C'est elle ...

Sans elle nous ne pourrions goûter la divinité de l'extase !"

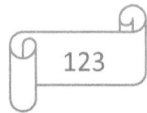

Avec tes étamines

Avec tes étamines, tes pistils

Avec tes étamines, tes pistils, ta tige

Avec tes étamines, tes pistils, ta tige, tes pétales

"Cette tendresse passionnée, c'est celle du vent tropical !

Avec son souffle doux, suave, chaud et rythmé

Il sait comment faire frémir et danser

L'orchidée dans le spectacle de la nature en bal.

TES YEUX

Vouloir mourir pour eux

N'est vraiment que très peu

Penser qu'ils sont si beaux

Est leur tourner le dos

Car de toutes les merveilles des cieux

Semblent résider en eux.

De la douceur des anges

Aux couleurs d'une mésange

Du soleil si grandiose

A l'éclosion d'une rose

De l'éclat d'une étoile

Aux broderies d'un voile

Des souvenirs du temps

Au sourire d'un enfant

Du velours de la lune

Aux reflets doux d'une prune

Je voyais en tes cils

Des rêveries qui s'enfilent

Les pétales d'une marguerite

Sur lesquelles seraient écrites

Les lettres de l'amour

Et pourtant tour à tour

Leurs battements,

Délicatement,

Épousent les ailes d'une colombe

Qui prend son envol et surplombe

La prairie basanée de ton visage

Renfermant des trésors de messages

Pour voler vers des horizons féeriques

Invitant aux voyages Purs et nostalgiques.

TOUS LES ENFANTS DU MONDE

Tous les enfants du monde se rapprochent

Pour écouter la parole de leur Père Eternel

Pour tous ouvrir leur petit cœur à une lumière sans pareil

Et trouver l'unique chemin vers la vraie paix éternelle.

Main dans la main

Ils lèvent leurs yeux vers le ciel

Et forment un grand arc en ciel

Qui n'aura jamais de fin

Ils sont des fleurs

D'un bouquet pur et vivant

Offert au Père en priant

Et fier de toutes ses couleurs

Tous les fidèles du monde se rapprochent

Pour recevoir toute la grâce de notre Père Eternel

Tendre la main pour soulager toutes les peines et les peurs

Et ramener Lumière et Paix dans l'assemblée du Seigneur

Cœur contre cœur

Ils chantent ensemble vers le ciel

Partage le pain Eternel

Qui offre le seul vrai bonheur

Comme des ruisseaux

Qui coulent dans un grand jardin

Pour abreuver tous les saints

Tous unis dans le Très Haut.

FIN DU BAIN POÉTIQUE DE LUMIÈRE

Tout être humain renferme un potentiel de ressources émotionnelles, spirituelles, intellectuelles et physiques pouvant faire naître en lui un avant-gout de Paradis. De ce germe d'Eden intérieur peut ensuite jaillir des sources de Félicité vers les êtres vivants extérieurs. Par ces poèmes, j'espère vous avoir porté des rayons vivifiants de lumière qui ont fait pousser dans le paradis de votre cœur, de votre âme et de votre mental des fleurs d'amour, de rêve, de paix, d'évasion et d'élévation.

Si vous ne l'avez pas encore vécu, je vous invite à un voyage unique en parcourant l'itinéraire poétique de mon premier recueil :
«VOYAGE POÉTIQUE VERS UNE ILE D'AMOUR»
Voilà la liste des 61 titres :
A CAUSE DE MON AMOUR

AMES EN FUSION

AMOUR EXOTIQUE

AVEC TOI

CAREME EN DECLIN

CARESSES TROPICALES

CHERIE (Poème Acrostiche)

COMMENT T'OUBLIER

CONFIDENCES

CRISTAL D'AMOUR

DAME TORTUE

ECLOSION SENTIMENTALE

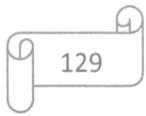

VOYAGE POÉTIQUE VERS UNE ILE D'AMOUR

A lire le premier recueil d' Elie RYCCY

Une tendre caresse
pour le cœur et le mental

© 2020, Ryccyl, Elie
Edition : Books on Demand,
12/14 rond-Point des Champs-Elysées, 75008 Paris
Impression : BoD - Books on Demand, Norderstedt, Allemagne
ISBN : 9782322093373
Dépôt légal : avril 2020